AF284568

Herausforderndes Verhalten bei Kindern erkennen und sicher vermeiden

Wie Sie richtig zuhören, Kompromisse anbieten, Konsequenzen gezielt setzen und eine harmonische Konfliktlösung erreichen

Sebastian Mertens

INHALT

Das erwartet Sie in dem Buch

Bestimmt kennen auch Sie Kinder, die vermehrt in Konflikten schreien, beißen oder schlagen. Kinder, die immer häufiger durch Verhalten auffallen, das alle in ihrem Umfeld herausfordert. Heranwachsende, denen es zunehmend schwerer fällt, sich an Regeln zu halten. Und Eltern, die oft völlig verzweifelt sind, weil die Konflikte mit ihren Kindern scheinbar nicht mehr gelöst werden können.

Viele Eltern, Erzieher und Lehrer haben vermehrt große Schwierigkeiten im alltäglichen

Umgang mit Kindern und Jugendlichen und stoßen häufig an ihre Grenzen. Oft wird die Schuld für dieses Verhalten bei den Kindern gesucht, dabei ist doch eher fraglich, ob wir unserer Verantwortung der Erziehung und Begleitung der Kinder noch richtig nachkommen.

Doch was sind die Ursachen dafür, dass sich manche Kinder so herausfordernd verhalten? Was ist der Unterschied zwischen herausforderndem Verhalten und Verhaltensauffälligkeiten? Wie können wir Konflikte, die auf uns zukommen, einfach lösen oder sogar verhindern? Und haben Sie schon einmal an einer Tagung des Kinderparlaments teilgenommen?

In diesem Buch werde ich mögliche Ursachen erklären und näher beschreiben. Die Unterschiede zwischen herausforderndem Verhalten und Verhaltensauffälligkeiten werden deutlich. Außerdem werde ich Beispiele aus der Praxis aufzeigen.

Aktuelle Forschungsergebnisse machen transparent, wie viele Kinder heutzutage verhaltensauffällig sind und wie die gegenwärtige Pandemie-Lage dazu beiträgt.

Mit verschieden alltagstauglichen Möglichkeiten, wie dem aktiven Zuhören, der

Partizipation und dem richtigen Anwenden von Konsequenzen, möchte ich Ihnen aufzeigen, wie Sie den nächsten Konflikt mit Ihrem Kind effizient und nachhaltig lösen können. Vielleicht ist ja auch ein Kompromiss die Lösung für einen Konflikt zwischen Ihnen und Ihrem Kind.

Herausforderndes Verhalten

Was fällt Ihnen ein, wenn Sie an herausforderndes Verhalten denken? Vielleicht der letzte Wutanfall, den Sie gemeinsam mit Ihrem Kind durchmachen mussten? Vielleicht aber auch an die Distanzlosigkeit des Nachbarkindes, welches sich einfach ungefragt auf Ihren Schoß setzt? Wenn Sie mit Kindern arbeiten, werden Sie wohl unzählige Beispiele für herausforderndes Verhalten von Kindern haben, in den letzten Jahren wohl merklich mehr als noch vor einigen Jahren. Doch warum verhalten sich immer mehr Kinder so auffällig? Auf den folgenden Seiten dieses Buches gehe ich der Frage immer wieder nach.

Herausforderndes Verhalten nimmt jeder anders wahr. Für manche ist es eine Herausforderung, die ausgelebte Frustration des Kindes auszuhalten, welches vergeblich versucht, sich selbst die Hausschuhe anzuziehen, andere können diese Situation mit Leichtigkeit aushalten. Dies ist abhängig von der eigenen Geduld und Ruhe, aber auch dem aktuellen Stresslevel oder der gegenwärtigen Überforderung.

Die folgende Situation wird Ihnen wohl sehr bekannt vorkommen, wahrscheinlich haben Sie die Situation selbst schon mehrfach miterlebt:

Sie sind mit Ihrem Kind im Supermarkt. Es ist wieder unglaublich voll und hektisch, scheinbar wollten alle Kunden wieder mal zur gleichen Zeit einkaufen wie Sie. Erfolgreich konnten Sie Ihr Kind von den vielen Süßigkeiten-Regalen fernhalten und Sie steuern mit Ihrem voll beladenen Einkaufswagen auf die Kasse zu. Junior erblickt die vielen Schokoladenriegel, Gummibärchen und Kaugummis, die gut übersichtlich vor dem Kassenband platziert sind. Sie wissen schon genau, was jetzt passieren wird. Ihr Kind fängt an, in den Süßigkeiten zu suchen, während Sie versuchen, schnellstmöglich die Lebensmittel auf das Kassenband zu räumen. Und da kommt sie schon, die Fragen von Ihrem Kind, ob es sich etwas aussuchen darf. Sie sind stark, verneinen dies. Ihrem Kind fällt es schwer, dies zu akzeptieren, und es schaut Sie mit großen Augen an, dann fragt es Sie erneut nach einer Süßigkeit, der Ton wird schon leicht trotzig, aber Sie bleiben konsequent, versuchen, Ihrem Kind zu erklären, dass zu Hause die Schublade voll ist mit Süßigkeiten. Aber auch Ihr Kind gibt nicht auf, wird immer lauter und fängt schlussendlich laut an zu weinen und zu betteln. Gefühlt alle Menschen im Umkreis von 100 Metern schauen Ihnen beiden jetzt bei dem Spektakel zu.

Bevor nun auch noch die ältere Dame hinter Ihnen sich in den Konflikt mit Ihrem Kind einmischen und Partei für Ihr Kind ergreifen kann, erlauben Sie Ihrem Kind, sich eine nur ganz kleine Süßigkeit zum natürlich aller letzten Mal auszusuchen. Ihr Kind strahlt sie freudig an und Sie sind glücklich, einigermaßen unauffällig und mit ausgesprochener Regel fürs nächste Mal davon gekommen zu sein. Allerdings nagt wohl auch das schlechte Gewissen an Ihnen, da Sie sich gegenüber Ihrem Kind nicht durchsetzen konnten. Aus Erfahrung kann ich Ihnen sagen: Auch diese Situation wird sich stetig wiederholen, wenn Sie den Ausgang dieses kleinen Konfliktes dabei belassen.

Schon seit Jahrzehnten wenden Kinder diese erfolgreiche Strategie, vor dem Süßigkeiten-Regal an der Kasse regelmäßig von Tobsuchtsanfällen gebeutelt zu werden, an, wenn sie sich dort nichts aussuchen dürfen.

Doch warum sind so viele Kinder mit diesem trotzigen, respektlosen Verhalten gegenüber den Eltern so erfolgreich?

Die Unsicherheit der Eltern spielt wohl die größte Rolle und die Kinder spüren dies.

Vielen ist es unangenehm, wenn das eigene Kind mit seinem Verhalten in der Öffentlichkeit auffällt, also versuchen viele schnellstmöglich, einen Konflikt im Keim zu ersticken. Viele denken auch, das Bild einer harmonischen und glücklichen Familie widerspiegeln zu müssen. Dabei ist es in einer Beziehung völlig normal und auch wichtig, dass es zu Konflikten kommt. Wichtig ist nur, wie diese Konflikte gelöst werden können, sodass alle Beteiligten mit der Lösung zufrieden sind oder sie zumindest akzeptieren können.

Aber auch andere Gründe, wie fehlende Konsequenz, schlechte Kommunikation zwischen Eltern und Kindern oder aktuelle Überforderung, sind dafür verantwortlich.

In meinem Kapitel „Methoden zur Konfliktbewältigung" werde ich auf die Situation zurückkommen.

Definition

Die Klinik für Neurologie und Sozialpädiatrie, Kinderzentrum Maulbronn gGmbH definiert herausforderndes Verhalten folgendermaßen:

„Herausforderndes Verhalten (englisch: Challenging behaviour) lässt sich als Verhalten beschreiben:

• das auf den sich verhaltenden Menschen selbst oder seine Umwelt und Mitwelt über einen längeren Zeitraum belastend und verunsichernd wirkt

• das in der Auswahl und Intensität nicht der Situation angepasst erscheint

9

• das Entwicklungsmöglichkeiten behindert, anstatt sie zu fördern" (Dr. Gaiser, 2022).

Kinder, die sich herausfordernd verhalten, verhalten sich also widersprüchlich. Oft ist es ein Verhalten, das wir Erwachsene uns nicht erklären können. Meist ist es sehr impulsiv, in unseren Augen völlig übertrieben und in der Heftigkeit des Gefühlsausbruches für Erwachsene nicht nachvollziehbar. Außerdem ist die Chance, in dieser Situation klar zu denken oder sogar etwas zu lernen und sich weiterzuentwickeln, nicht möglich.

Dr. Lars Mohr hat in „Was macht Verhalten herausfordernd?" herausforderndes Verhalten an vier Merkmalen festgemacht:

1. Merkmal: „Sie lösen bei den Beteiligten oder Beobachtern in der Regel starke Irritationen aus: Betroffenheit, Ratlosigkeit, Ablehnung, Angst oder ähnliche Gefühle"

2. Merkmal: „Herausfordernde Verhaltensweisen geschehen nicht bloß versehentlich (sondern „gerichtet")

• gegen andere oder Sachen: externalisierend

• gegen sich selbst, „selbst beeinträchtigend" in Bezug auf Körper oder die Psyche: internalisierend

• als Verweigerung von Anforderungen: oppositionell"

3. Merkmal: „Herausfordernde Verhaltensweisen werden von Beteiligten oder Beobachtern in ihrer Art, Frequenz, Dauer oder Intensität als diskrepant gegenüber den üblichen kulturellen Erwartungen wahrgenommen, in Bezug auf die jeweilige Handlungssituation und das Lebensalter des Akteurs"

4. Merkmal: „Herausfordernde Verhaltensweisen gefährden oder schädigen die körperliche oder psychische Unversehrtheit der beteiligten Personen und/oder erschweren oder verunmöglichen die Nutzung öffentlicher bzw. sozialer Einrichtungen und Dienstleistungen (→ Beeinträchtigung institutioneller Funktionen z. B. des Lernens in der Schule)" (Dr. Mohr, 2022)

Mögliche Ursachen

Grundsätzlich ist festzuhalten, dass Kinder, deren Verhalten uns herausfordert, oft Probleme haben, sich an Regeln zu halten. Auch dies kann verschiedene Ursachen haben:

• Sie verstehen die aufgestellten Regeln nicht.
Dies kann daran liegen, dass Kinder Schwierigkeiten haben, die Regeln kognitiv zu verstehen, sie können also die Informationen mental nicht verarbeiten. Ein Grund für einen Regelbruch können aber auch die sprachlichen Fähigkeiten und das Sprachverständnis sein.

- Sie sehen keinen Sinn in den aufgestellten Regeln.

Die aufgestellten Regeln wurden nicht erklärt und begründet. Kinder haben oft großes Verständnis und eine große Akzeptanz, wenn ihnen etwas erklärt wird und sie den Grund des Handelns verstehen. Ähnlich geht es auch Erwachsenen, wenn sie wissen, warum sie etwas tun, wird dieses verlässlicher und gewissenhafter ausgeführt.

- Sie sind es nicht gewohnt, sich an Regeln zu halten.

Oft wurden Konsequenzen bei Nichteinhaltung der Regeln angedroht, dann aber nicht durchgeführt. Kinder, die es gewohnt sind, keinerlei Konsequenzen für ihr Handeln zu erhalten, haben keinen Grund, sich an Regeln zu halten, die nicht ihrer Weltanschauung entsprechen. Gern testen Kinder auch, inwieweit eine Konsequenz auch wirklich auf einen Regelbruch folgt.

Wichtig ist es also, erst mal festzustellen, liegt es eventuell an diesen drei Punkten, warum Kinder sich nicht an Regeln halten und wiederholt mit herausforderndem Verhalten auffallen? Oft zeigen

Kinder, nachdem die Regeln verständlich erklärt wurden, ein verändertes Verhalten. Häufig wirkt sich dies auch positiv auf die Beziehung und Bindung untereinander aus.

Aktuelle For- schungsergebnisse

Bei der KiGGS Basiserhebung (Studie zur Gesundheit von Kindern und Jugendlichen in Deutschland des Robert Koch-Instituts) bezüglich Verhaltensauffälligkeiten bei Kindern wurden 14.500 Eltern mit Kindern im Alter von 3–17 Jahren befragt.

Hieraus ergab sich folgendes Bild:
11,5 % der Mädchen zeigen Verhaltensauffälligkeiten, neigen hier besonders zu emotionalen

Problemen. Bei den Jungen zeigen 17,5 % Verhaltensauffälligkeiten, diese neigen eher zu Hyperaktivität und Peer-Problemen.

Auch zeigte sich, dass Kinder aus Familien mit niedrigem Sozialstatus mit 23,2 % häufiger Hinweise auf psychische Probleme angaben. Dagegen zeigten Kinder aus Familie mit mittlerem Sozialstatus mit 13,4 % und Kinder aus Familien mit hohem Sozialstatus mit 8,1 % weniger Hinweise auf psychische Probleme. (vgl. Höppner, Prof. von Mühlendahl, Theil, 2022)

Bei einer Studie des Deutschen Jugend-Instituts (DJI) über das „Kind-Sein in Zeiten von Corona", die im Dezember 2020 veröffentlicht wurde, zeigten sich schon im ersten Lockdown, dass unvorhersehbare Belastungen und Krisen Verhaltensauffälligkeiten beeinflussen können. „Bei insgesamt 23 Prozent der Kinder sind emotionale Schwierigkeiten zu verzeichnen (...) und bei 29 Prozent Auffälligkeiten bezüglich Hyperaktivität zu erkennen (...)." (Langmeyer, Guglhör-Rudan, Naab, Urlen, Winkelhofer, 2022)

Auch hier zeigt sich, dass das Einkommen und die Bildung der Eltern, aber auch der Umgang der

Eltern mit der Bewältigung der neuen Situation Einfluss darauf haben, ob Kinder Verhaltensauffälligkeiten zeigen oder nicht. (vgl. (Langmeyer, Guglhör-Rudan, Naab, Urlen, Winkelhofer, 2022)

Herausforderndes Verhalten oder Verhaltensauffälligkeit?

Herausforderndes Verhalten und Verhaltensauffälligkeiten sind sich sehr ähnlich. Ein herausforderndes Verhalten wird von vielen außenstehenden Menschen oft nach häufigem Auftreten des gleichen Verhaltens in der gleichen Situation zu

Verhaltensauffälligkeit gemacht. Verhält sich ein Kind bei einem Streit also zum ersten oder zweiten Mal aggressiv gegen sein Gegenüber, legt dieses Kind ein herausforderndes Verhalten an den Tag. Ist dieses Verhalten bei dem Kind aber ritualisiert und Aggressionen beim Streit zu erwarten, spricht man häufig von einer Verhaltensauffälligkeit. Verhaltensauffälligkeiten sind aber auch andere Verhaltensweisen, wie Essstörungen, Drogenmissbrauch, Vandalismus. Es fällt also auf, dass Verhaltensauffälligkeiten häufig einen medizinischen Hintergrund haben und die Betroffenen oft ein Leben lang damit leben und daran arbeiten müssen, weil sie von ihrer Verhaltensauffälligkeit begleitet und beeinflusst werden.

Herausforderndes Verhalten ist zunächst die Momentaufnahme einer Situation. Es kann sehr plötzlich und unregelmäßig auftreten. Oft verhalten sich Menschen herausfordernd, wenn sie mit einem Beschluss oder einer Entscheidung nicht einverstanden sind und keinen anderen Weg wissen, als sich provozierend oder grenzüberschreitend bemerkbar zu machen.

Ist der Grund für herausforderndes Verhalten bekannt, kann dieses auch einfacher gelöst bzw.

abgelegt werden. Verhaltensauffälligkeiten müssen nicht selten therapiert werden.

Praxisbeispiele

Hier führe ich einzelne Beispiele aus meiner Arbeit in einer Kindertagesstätte auf, die wiedergeben, wie unterschiedlich herausforderndes Verhalten bei Kindern sein kann.

Tom, 6 Jahre, ist oft sehr impulsiv, unruhig und hat Schwierigkeiten, bei einer Sache zu bleiben. Er weiß oft nicht, was er spielen möchte, Tom ist gern überall dabei und verhält sich sehr regelkonform, wenn es darum geht, dass die anderen Kinder diese Regeln einhalten. Er selbst überschreitet regelmäßig die Grenzen, verletzt Kinder oder bringt sie dazu, etwas zu tun, was sie gar nicht tun möchten. Verbal ist Tom nicht aggressiv gegenüber den Kindern, aber er wird schnell laut und einnehmend. Tom verhält sich in Spielpartnerschaften überwiegend dominant, ist dies aufgrund seines Gegenübers nicht möglich, versucht er das Kind sehr geschickt zu überreden, dies zu tun, was er möchte. Mit den Eltern stehen wir in ständigem Kontakt und sind beiderseits sehr offen, was Toms Verhalten angeht.

Auch zu Hause, bei Spielplatzbesuchen oder privaten Verabredungen zeigt Toms Verhalten das gleiche Bild. In der Einrichtung fordert Tom durch sein einnehmendes Wesen sehr viel Aufmerksamkeit von seinen Erziehern, aber auch durch ständige Grenzüberschreitungen seinerseits. Tom ist in unserer Einrichtung, seit er drei ist. Inzwischen können wir Tom kleine Aufgaben übertragen, die er selbstständig erledigen kann, und er ist sehr stolz, wenn er diese ohne Zwischenfall mit anderen Kindern geschafft hat. Die Arbeit mit Tom ist sehr zeitintensiv, er fordert Grenzen und Regeln stets ein, diese geben ihm einen sicheren Rahmen. Halten wir Konsequenzen nicht ein und planen nicht kleinschrittig, führt dies oft zu einem Rückschritt in seinem Verhalten.

Dies ist eine sehr kräftezehrende Situation für Tom und die Erzieher. Die Bindung zwischen Tom und seinen Erziehern ist durch die nachhaltige, gemeinsame Arbeit, der Authentizität und dem feinfühligen Verhalten der Erzieher aber auch sehr intensiv.

Kübra, 3 Jahre, ist mit 1½ Jahren in unsere Einrichtung gekommen. Schon bei der Eingewöhnung stellte sich heraus, dass diese schwieriger verlaufen wird. Kübras Mutter konnte sich nicht an Absprachen halten. Ihr fiel es schwer, Kübra spielen zu lassen, und sie musste immer wieder Kontakt zu ihr aufbauen, sodass die Erzieher es schwer hatten, eine Bindung zu Kübra herzustellen. Kübra scheint immer unter Strom zu stehen, ständig ist sie auf der Suche nach neuen Sachen, die sich entdecken lassen. Sie verspürt keine Ruhe, etwas intensiv auszuprobieren, in Ruhe ihre Mahlzeit einzunehmen oder sich länger mit einer Sache zu beschäftigen.

Oft stört Kübra das Spiel der anderen Kinder, da sie sehr distanzlos ist und spielenden Kindern einfach ihr Spielzeug wegnimmt und es ganz selbstverständlich für sich beansprucht. Diese

Konflikte erfordern meist die Begleitung eines Erwachsenen, da Kübra nur wenig Deutsch spricht und versteht und häufig gar nicht die Regeln in unserer Einrichtung kennt. Dies ist dem häufigen Fehlen von Kübra in der Kindertagesstätte verschuldet, was es auch sehr schwer macht, eine gute Bindung zu ihr aufzubauen und mit ihr zu arbeiten. Kübra wird so die Chance genommen, Regeln und Grenzen zu bekommen und einen wiederkehrenden Alltag zu erleben.

Philip, 2½ Jahre, ist mit einem Jahr in die Krippe gekommen, er hat noch einen älteren Bruder, der im Kindergarten ist, und die beiden treffen sich mehrmals am Tag in der Einrichtung. Er ist ein sehr robustes, freundliches, fröhliches Kind und sehr offen gegenüber über den Kindern und den Erziehern. Auch Philip hat Schwierigkeiten, sich auf etwas zu fokussieren, er ist für sein Alter schnell abgelenkt und impulsiv. Auch sprachlich ist Philip nicht so weit, wie ein 28 Monate altes Kind sein sollte. Philip wächst zweisprachig auf, die Eltern sprechen nur auf ihrer Muttersprache mit ihm, im Kindergarten wird ausschließlich Deutsch gesprochen. Trotz seiner wenigen verbalen Äußerungen, die sich oft auf Laute beschränken, haben alle Erzieher das Gefühl, Philip versteht inzwischen sehr gut, was ihm mitgeteilt wird. Generell wird die Kommunikation als kein Problem gesehen, trotzdem sind seine sprachlichen Fähigkeiten zu beachten.

Philip testet stetig und über Monate seine Grenzen aus. Er überschreitet diese regelmäßig und fordert jeden Tag viel Aufmerksamkeit. Tritt er in Kontakt mit den anderen Kindern, ist dies meist sehr körperlich und distanzlos, bei klarem Aufzeigen der persönlichen Grenze bleibt er trotzdem standhaft. Greift eine Erzieherin ein, lässt er kurz ab, geht dann aber wieder zu dem Kind und verfährt weiter wie gehabt. Da Philip nicht nur sehr ignorant beim Einhalten der persönlichen Distanz anderer Kinder ist, sondern auch beim Durchführen der Konsequenzen seines Verhaltens, gestaltet sich der Alltag mit ihm immer schwieriger.

Philips Verhalten ist täglich Thema in der Einrichtung und kostet sehr viel Zeit, Aufmerksamkeit und Nerven. Aber auch Kübras und Toms Verhalten fordert sehr viele Ressourcen, die auf

Kosten der Kinder gehen, die nicht so herausfordernd sind.

Würde allen drei Kinder die Möglichkeit geboten, eine reflektierte und ihrem Verhalten angepasste flexible Erziehung zu erhalten, die ihnen die Chance bietet, gemeinsam mit ihrem häuslichen Umfeld an ihrem herausfordernden Verhalten zu arbeiten, würde dies neben der Sozialkompetenz und der Selbstwahrnehmung auch die Zufriedenheit der Kinder fördern.

Herausforderndes Verhalten vermeiden

War ein Kind auffällig mit herausforderndem Verhalten und hat so Grenzen überschritten, wurde es oft geschimpft und ausgegrenzt. Nachdem der „Täter" eine Zeit lang seine Strafe abgesessen hat, musste er sich bei seinem „Opfer" entschuldigen und durfte dann weiterspielen. So wurde jahrzehntelang versucht, Streitsituationen zu klären.

Mit dieser Art „Konfliktlösung" ist niemandem geholfen. Dem „Täter" galt die ganze Aufmerksamkeit, er wurde vor allen bloßgestellt und geklärt wurde die Situation auch nicht.

Zum Glück findet diese Art Konfliktlösung so nicht mehr ganz so häufig Anwendung.

Wichtig ist es, zu verstehen, dass hinter herausforderndem Verhalten eine Forderung des Kindes steht. Seine Grenzen wurden verletzt, es fühlt sich überfordert in der Situation oder kann sich gerade nicht anders ausdrücken.

Zunächst ist es wesentlich abzuwägen, ob die Situation verlangt, dass Sie eingreifen und Ihrem Kind eine Hilfsstellung geben, oder ob Ihr Kind die Situation allein meistern kann und somit die Chance hat, daran zu wachsen.

Wenn Sie merken, dass die Stimmung Ihres Kindes kippt, die Frustration immer größer wird, unterstützen Sie Ihr Kind am besten, indem Sie es begleiten. Fragen Sie Ihr Kind, was es sich von Ihnen wünscht, wie Sie es unterstützen können. In diesen Situationen ist Ihr Kind hilflos und ist froh darüber, wenn Sie ihm zur Seite stehen. Dies entspannt oft nicht nur die Situation oder lässt es erst gar nicht zu herausforderndem Verhalten kommen, sondern stärkt auch noch die Bindung zwischen Ihnen.

Akzeptieren Sie aber auch, wenn Ihr Kind sich erst mal zurückzieht und Zeit für sich braucht, auch dies ist eine Art der Konfliktlösung. Manche Kinder können dies besser mit sich allein ausmachen. Wenn sich die Situation beruhigt hat, können Sie gemeinsam über das Geschehene sprechen und abwägen, was beim nächsten Mal besser helfen könnte.

Sprechen Sie mit Ihrem Kind über schwierige Situationen, bleiben Sie hier verständnisvoll und ruhig. Lassen Sie Ihr Kind aussprechen, unterbrechen Sie es nicht und gehen Sie auf Augenhöhe.

Methoden zur Konflikt- bewältigung

Ich möchte noch mal auf die den Anfang beschriebene Situation an der Supermarktkasse zurückkommen und eine mögliche Konfliktlösung beschreiben.

Zuallererst halte ich es für das Wichtigste, von Anfang an mit Ihrem Kind eine Absprache zu treffen, ob sich Ihr Kind etwas aus dem Süßigkeiten-Regal aussuchen darf oder nicht. Geben Sie Ihrem

Kind dadurch klare, transparente Regeln, an die es sich halten kann. Ihr Kind wird bestimmt verstehen, warum Sie diese Entscheidung getroffen haben, wenn Sie es Ihrem Kind erklären. Im günstigsten Fall treffen Sie hier mit Ihrem Partner eine gemeinsame Entscheidung, wie Sie in Zukunft damit umgehen möchten.

Sollten Sie sich also dafür entscheiden, dass es sich keine Süßigkeit aussuchen darf, sprechen Sie vorher mit Ihrem Kind und begründen Sie dies, sodass es Ihre Beweggründe verstehen kann. Tun Sie dies, bevor Sie im Supermarkt sind. Fragt es dennoch nach Süßigkeiten, und glauben Sie mir, das wird es, erinnern Sie an Ihre Absprache. Es wäre eine Möglichkeit, anfangs Ihr Kind nach dem Einkauf mit einem Ausflug auf den Spielplatz oder einem gemeinsamen Spiel zu Hause für das Durchhaltevermögen zu belohnen. Auch dies sollten Sie vorab mit Ihrem Kind besprechen und im besten Fall Ihrem Kind die Möglichkeiten geben, mit über die Belohnung entscheiden zu dürfen.

Auch, wenn Sie merken, dass die Stimmung kippt und Ihr Kind gleich anfangen wird zu weinen, bleiben Sie konsequent bei Ihrer Absprache. Ihr Kind wird lernen müssen, dass Sie wirklich konsequent bleiben und es mit dem Weinen oder Betteln nicht an sein Ziel kommt. Versuchen Sie, gelassen zu bleiben, sprechen Sie ruhig mit Ihrem Kind, wenn dies möglich ist, und ertragen Sie die Blicke der anderen. Glauben Sie mir: Die meisten fühlen mit Ihnen, sie haben diese Situation schon selbst einmal durchgemacht.

Wenn Sie dann kurz nach der Situation mit Ihrem Kind allein sind, können Sie es durchaus darauf ansprechen, Sie sollten aber nicht zu viel Zeit dazwischen vergehen lassen. Seien Sie einfühlsam und verständnisvoll gegenüber Ihrem Kind, dies ist eine neue Situation für Sie beide. Wenn Sie selbst sich konsequent an Ihre Regeln halten, wird das Verhalten Ihres Kindes mit der Zeit immer berechenbarer werden und die Einkaufssituationen werden angenehmer und stressfreier verlaufen.

Auf die Art der Botschaft kommt es an

Haben Sie einen Konflikt mit Ihrem Kind oder ist sein Verhalten herausfordernd für Sie, sollten Sie sich also zuallererst klarmachen: Ihr Kind verhält sich nicht so, um Sie zu ärgern. Es ist selbst überfordert mit der Situation und seinen Gefühlen. Bleiben Sie ruhig, wenn sich Ihr Kind beruhigen lässt, tun Sie dies. Falls Ihr Kind aber noch etwas Zeit für sich braucht, dann geben Sie ihm diese Zeit, es wird nach kurzer Zeit auf Sie zukommen.

Selbstregulation müssen Kinder erst lernen, vielen Kindern fällt dies sehr schwer, weil sie von Erwachsenen bei Frustration abgelenkt werden oder es gar nicht erst dazu kommt, dass das Kind echte Frustration empfindet. Dabei ist diese Erfahrung, die Selbstregulation und das Lernen, dass es scheitern kann und dann noch mal von vorn beginnt, sehr wichtig. Es ist also eine große Leistung Ihres Kindes, wenn es nach Konflikten sich selbst wieder regulieren kann.

Nimmt Ihr Kind wieder Kontakt zu Ihnen auf, sollten Sie es zunächst einmal trösten, indem Sie es in den Arm nehmen. Körperliche Berührungen und Umarmungen beruhigen und lösen ein Wohlgefühl aus.

Bei der Klärung des eigentlichen Konfliktes sollten Sie sich auf Augenhöhe Ihres Kindes begeben, setzten Sie sich also zu Ihrem Kind auf den Boden, an den Tisch oder nehmen Sie Ihr Kind auf den Schoß. Durch den Blickkontakt ist es einfacher, Mimik und Gestik Ihres Kindes zu lesen, außerdem vermittelt dies Ihrem Kind, dass Sie es als Gesprächspartner ernst nehmen.

Wichtig ist es aber auch, mit welcher Methode ein Konflikt geklärt wird.

Oft kommt es bei Streitgesprächen zu Vorwürfen und Anschuldigungen, sodass das Gegenüber das Gefühl hat, sich rechtfertigen zu müssen. Es werden vorwiegend Du-Botschaften gesendet, die als sehr negativ empfunden werden. Außerdem wird bei dieser Methode oft nicht der Konflikt als Problem empfunden, sondern der Beschuldigte selbst empfindet sich als das Problem des Konfliktes.

Es ist also selbstverständlich, dass bei dieser Methode der Konflikt nicht geklärt werden kann. Schlimmer noch: Oft wird die Suche nach der Lösung des Streites noch erschwert und beide Parteien empfinden es als noch schwieriger, ihn zu klären, da nun ja auch noch die neuen Vorwürfe zwischen ihnen stehen.

Ich möchte Ihnen ein Beispiel zeigen, wie es in den meisten Fällen vorkommt:

Nach einem Streit versuchen Tim und sein Vater, den Konflikt zu lösen. In dem Streit ging es darum, dass Tims Aufgabe heute nach der Schule war, den Geschirrspüler auszuräumen und die Küche aufzuräumen. Als sein Vater zwei Stunden nach Tim nach Hause kommt und sieht, dass Tim seine Aufgabe nicht erledigt hat, ruft er ihn wütend in die Küche.

„Du hast deine Aufgaben heute nicht erledigt, du bist schon seit zwei Stunden zu Hause und die Küche ist immer noch nicht aufgeräumt. Du weißt, dass du hier mithelfen musst. Das ist jetzt schon das zweite Mal, dass du deine Arbeiten zu Hause nicht erledigst", platzt es aus dem Vater heraus.

Durch die ganzen Anschuldigungen und Vorwürfe hat Tim das Gefühl, sich rechtfertigen zu müssen, und kommt gar nicht dazu, sich seinem Vater zu erklären, warum er die Küche nicht aufgeräumt und den Geschirrspüler nicht ausgeräumt hat.

Eine gute Methode, um Konflikte zu klären, ist es aus der Ich-Perspektive zu berichten, arbeiten Sie also mit Ich-Botschaften. Hier geht es nicht darum, Anschuldigungen zu machen, sondern mitzuteilen, wie Sie sich gefühlt haben. Diese Methode führt dazu, wie Sie Ihrem Gegenüber berichten, wie Sie die Situation oder den Konflikt empfunden haben und was Ihrer Meinung nach Auslöser für den Konflikt war. Ich-Botschaften werden nicht negativ, sondern meist positiv vom Gegenüber empfunden.

Außerdem vermittelt diese Methode nicht das Gefühl, gegeneinander zu sein, sondern gemeinsam eine Lösung für ein Problem zu suchen. Wichtig ist es hierbei, seine Gefühle verständlich zu erklären, dies sollte auf einer sachlichen Ebene geschehen.

Ich möchte Ihnen nun zeigen, wie der Konflikt verläuft, wenn Tim und sein Vater die Methode der Ich-Botschaften nutzen.

Tims Vater ruft seinen Sohn in die Küche, beide setzen sich an den Tisch.

„Ich sehe, dass die Küche noch nicht aufgeräumt und der Geschirrspüler noch nicht ausgeräumt ist. Ich bin ziemlich wütend darüber, dass hier immer noch so ein großes Chaos ist", sagt Tims Vater.

Tim erwidert darauf: „Ich konnte die Küche noch nicht aufräumen, ich bin heute erst später aus der Schule rausgekommen und musste einen Bus später fahren. Ich bin auch erst vor einer

Stunde nach Hause gekommen und musste dann noch Mathe fertig machen. Ich weiß, dass ich die Küche aufräumen sollte. Ich werde das gleich machen."

Tim und sein Vater haben sich gegenseitig ihre Position erklärt, dadurch kam es nicht zu Vorwürfen. Den Grund, warum Tim die Küche noch nicht aufgeräumt und den Geschirrspüler ausgeräumt hat, konnte Tim seinem Vater verdeutlichen.

Zuhören, aber richtig

Vielen Menschen fällt es immer schwerer, richtig zuzuhören. Oft fehlt die Zeit dazu oder die Gedanken kreisen schon um das nächste Anliegen. Dies ist nicht nur besonders respektlos, es fördert zudem auch noch Konflikte und trägt dazu bei, dass diese dann nicht geklärt werden können.

Außerdem können Sie wahrscheinlich nachvollziehen, dass die Kommunikation mit jemandem, der nicht richtig zuhört, keinen Spaß macht und auch wenig Sinn hat.

Werden Sie darum gebeten, jemandem zuzuhören, seien Sie ehrlich zu sich und Ihrem Gegenüber und verschieben Sie, wenn möglich, ein Gespräch auf einen anderen Zeitpunkt, wenn Sie gerade kein Ohr dafür haben, aus welchen Gründen auch immer.

Fühlen Sie sich bereit für ein Gespräch, dann wenden Sie gern das aktive Zuhören nach Thomas Gordon an. Das unten aufgeführte Beispiel zitiere ich von Gordon, T. (1972). Familienkonferenz (1. Aufl.)

„*Jan*: Tomas will nicht mit mir spielen. Er will nie, was ich will.

Mutter: Na, warum sagst du nicht, du willst tun, was er will? Du musst lernen, dich mit deinen kleinen Freunden zu vertragen (*Raten, Moralisieren.*)

Jan: Ich will nicht das tun, was er will, und außerdem will ich mich mit dem blöden Kerl nicht vertragen.

Mutter: Nun, dann geh und such dir jemand anderen zum Spielen, wenn du ein Spielverderber sein willst. (*Eine Lösung vorschlagen, Beschimpfen.*)

Jan: Er ist der Spielverderber, nicht ich. Und es ist niemand anderes zum Spielen da.

Mutter: Du bist nur schlechter Laune, weil du müde bist. Morgen wirst du anders darüber denken. (*Interpretieren, Beruhigen.*)

Jan: Ich bin nicht müde und morgen werde ich nicht anders darüber denken. Du begreifst einfach nicht, wie sehr ich diesen kleinen Angeber hasse!

Mutter: Nun hör aber auf, so zu reden! Wenn ich dich jemals wieder so über einen deiner Freunde sprechen höre, wird's dir leidtun … (*Befehlen, Drohen.*)

Jan: (entfernt sich verdrießlich): Ich hasse diese Gegend. Ich wünschte, wir würden fortziehen.

Nun zeigen wir, wie ein Elternteil demselben Jungen durch aktives Zuhören helfen kann:

Jan: Tomas will heute nicht mit mir spielen. Er will nie tun, was ich will.

Mutter: Du scheinst böse mit Tomas zu sein. (*Aktives Zuhören.*)

Jan: Und wie. Ich will nie wieder mit ihm spielen. Ich will ihn nicht als Freund.

Mutter: Du bist so böse, dass du das Gefühl hast, ihn nie wiedersehen zu wollen. (*Aktives Zuhören.*)

Jan: Stimmt. Aber wenn er nicht mein Freund ist, werde ich niemanden zum Spielen haben.

Mutter: Du würdest ungerne ohne Freund sein. (*Aktives Zuhören.*)

Jan: Ja. Ich glaube, ich muss mich irgendwie mit ihm vertragen. Aber es fällt mir so schwer, nicht mehr wütend auf ihn zu sein.

Mutter: Du möchtest dich lieber mit ihm vertragen, aber es fällt dir schwer, nicht wütend auf Tomas zu werden. (*Aktives Zuhören.*)

Jan: Früher kam das nie vor – aber das war, als er immer bereit war, das zu tun, was ich wollte. Er will sich von mir nicht mehr herumkommandieren lassen.

Mutter: Tomas ist jetzt nicht mehr so leicht zu beeinflussen. (*Aktives Zuhören.*)

Jan: Bestimmt nicht. Er ist kein solches Baby mehr. Es macht aber auch mehr Spaß mit ihm.

Mutter: Eigentlich gefällt er dir so besser. (*Aktives Zuhören.*)

Jan: Ja. Aber es ist schwer, ihn nicht mehr herumzukommandieren – ich bin so daran gewöhnt.

Vielleicht würden wir uns nicht so oft streiten, wenn ich ihm ab und zu seinen Willen lasse. Glaubst du, das würde gehen?

Mutter: Du meinst, es könnte helfen, wenn du gelegentlich nachgeben würdest? (*Aktives Zuhören.*)

Jan: Ja, vielleicht. Ich versuch's mal." (Gordon, 1972, S. 71 f)

Hier können Sie sehr offensichtlich den unterschiedlichen Ausgang der beiden Gespräche feststellen. Anfangs wirkt das aktive Zuhören ungewöhnlich und sehr kompliziert. Wichtig bei dieser Art von Kommunikation ist, seine eigenen Gedanken zurückzustellen und nur zu verbalisieren, was Sie gerade von Ihrem Gegenüber verstanden haben. Dies benötigt Ruhe, Geduld und auch etwas Übung.

Ein anderer Vorteil des aktiven Zuhörens ist, dass Ihr Kind meist von ganz allein auf die Lösung von einem Problem stoßen wird. Durch die rege Kommunikation, die Sie mit Ihrem Kind haben, wird sein Denken angeregt, aber auch, weil Sie als Zuhörer keine Lösungen vorschlagen, wenn Sie die Methode des aktiven Zuhörens anwenden. Mit der Zeit wird Ihr Kind merken, dass es Probleme selbstständig lösen kann, und an dieser Erfahrung wachsen.

Durch das aktive Zuhören vermitteln Sie, mit Ihren Gedanken ganz bei Ihrem Gegenüber zu sein. Bei dem Gespräch mit Ihrem Kind geben Sie die Aussage Ihres Kindes mit Ihren eigenen Worten wieder. So können Sie gleichzeitig überprüfen, ob Sie richtig verstanden haben, was es Ihnen sagen möchte. Ihr Kind fühlt sich dadurch angenommen und kann, wenn ein Missverständnis in der Kommunikation aufkommt, dieses schnell berichtigen. Diese Methode führt also zu einem besseren Verständnis zwischen Ihnen und Ihrem Kind.

Es hat aber noch einen ganz anderen Vorteil, auf diese Art und Weise zu kommunizieren. Durch die Wiederholungen können Sie Ihr Kind auch sprachlich zugleich fördern. Macht Ihr Kind beispielsweise eine fehlerhafte Äußerung, können Sie hier das korrektive Feedback bei aktivem Zuhören anwenden.

Ich möchte dies an einem Beispiel zeigen, bei dem Simon sich über die Zeit im Kindergarten beschwert.

Viele Eltern neigen dazu, ihr Kind auf den Fehler, den es sprachlich gemacht hat, hinzuweisen. Würde Simons Mutter Simon auf seinen Fehler bei der Aussprache hinweisen und ihm nicht aktiv zuhören, würde dies so ausgehen:

Simon beschwert sich bei seiner Mutter: „Tindergarten ist doof. Nele hat aua macht."

Simons Mutter sagt: „Du meinst Kindergarten, nicht Tindergarten. Die Nele hat dir schon wieder wehgetan, da werde ich morgen gleich mal mit deiner Erzieherin sprechen."

Diese Art der Kommunikation führt dazu, dass Simon den Spaß am Sprechen verliert. Wenn oft Fehler aufgezeigt und verbessert werden, stoppt dies die Freude am Sprechen. Außerdem können kleinere Kinder das Verneinen nicht gut nachvollziehen. Durch die Aussage der Mutter versteht Simon zweimal den Ausdruck Kindergarten, er kann aber nicht verstehen, was er genau falsch gemacht hat.

Hier das Beispiel mit dem aktiven Zuhören und dem Anwenden des korrektiven Feedbacks: Simon beschwert sich bei seiner Mutter: „Tindergarten ist doof. Nele hat aua macht."

Simons Mutter wiederholt: „Die Zeit im Kindergarten hat dir heute nicht gefallen, weil Nele dir wehgetan hat?"

Durch das korrektive Feedback und das aktive Zuhören fühlt Simon sich verstanden und lernt, dass Sprechen Spaß macht. So entsteht viel Kommunikation zwischen Erwachsenen und Kindern, was wiederum die Bindung stärkt und Konflikte einfacher lösen lässt.

Ein Kompromiss als Lösung

Stellen Sie sich vor, Sie haben einen Konflikt mit Ihrem Partner oder Ihrer Partnerin. Beispielsweise planen Sie die neue Einrichtung Ihres gemeinsamen Wohnzimmers. Sie möchten gern eine große Wohnlandschaft mit viel Platz. Ihr Partner oder Ihre Partnerin möchte lieber ein kleineres Sofa und dafür einen größeren Couchtisch. Als zwei gleichberechtigte Erwachsene werden Sie sich bemühen, einen Kompromiss zu finden, mit dem Sie beide gut zurechtkommen.

Betrachtet man Konflikte zwischen Erwachsenen und Kindern, gibt es oft nur einen „Sieger". Meistens setzt der Erwachsene seine Macht ein und entscheidet den Konflikt für sich, manchmal kann aber auch das Kind eine Lösung zu seinen Gunsten entscheiden. Viele Erwachsene ziehen nicht in Betracht, dass es auch bei Konflikten zwischen Erwachsenen und Kindern zu Kompromissen und somit zu Lösungen kommen kann, mit denen beide einverstanden sind. Auch hier möchte ich ein Beispiel von Gordon, T. (1972). Familienkonferenz (1. Aufl.) aufzeigen, indem er schreibt, was eine Mutter, die seinen Kurs absolviert hat, berichtet hat:

„Mutter: Linda, ich habe es satt, ständig wegen deines Zimmers an dir herumzunörgeln, und ich bin sicher, auch du bist es müde, dass ich deswegen hinter dir her bin. Von Zeit zu Zeit räumst du mal auf, aber meistens steht alles auf dem Kopf, und ich bin wütend. Lasse es uns mit einer neuen Methode versuchen, die ich im Kursus gelernt habe. Wir wollen uns bemühen, eine Lösung zu finden, die wir beide akzeptieren werden – eine, mit der wir beide zufrieden sind. Ich mag dich nicht

zwingen, dein Zimmer aufzuräumen, und dich dann deswegen unglücklich zu sehen, aber ich mag mich auch nicht belastet und unbehaglich fühlen und deswegen ärgerlich mit dir sein. Wie könnten wir dieses Problem ein für alle Mal lösen? Willst du es versuchen?

Linda: Na schön, ich will es versuchen, aber ich weiß, das Ende wird sein, dass ich aufräumen muss.

Mutter: Nein. Mein Vorschlag ist, dass wir eine Lösung finden, die wir beide akzeptieren können, nicht nur ich.

Linda: Gut, ich habe eine Idee. Dir liegt nichts am Kochen, aber du machst gern sauber, und mir liegst nichts am Saubermachen, aber ich koche gern. Außerdem möchte ich in der Küche noch etwas lernen. Wie wäre es, wenn ich zweimal die Woche für dich, Vater und mich das Abendessen koche, während du ein- oder zweimal die Woche mein Zimmer saubermachst?

Mutter: Meinst du, das würde funktionieren – wirklich?

Linda: Ja, mir würde es richtig Spaß machen.

Mutter: In Ordnung, dann wollen wir es versuchen. Heißt das, dass du auch das Geschirr abwäschst?

Linda: Natürlich" (Gordon, 1972, S. 189 f)

Der Vorteil an einem gemeinsam gefundenen Ergebnis oder einem Kompromiss ist immer, dass Ihr Kind an der Umsetzung der beschlossenen Konfliktbewältigung motivierter sind, als wenn die Lösung des Konfliktes von einem Erwachsenen vorgegeben worden wäre. Durch die gemeinsame Erarbeitung des Resultats konnte Ihr Kind sich aktiv einbringen und mitentscheiden, es versteht viel besser, warum und wie der Konflikt bewältigt werden soll.

Außerdem fördert es das Denkvermögen Ihres Kindes, da es ja selbst kreativ werden muss, um zur Lösung des Problems beizutragen, denn Sie können nicht erwarten, dass die Lösung, die Sie sich vielleicht schon zurechtgelegt haben, Anwendung finden wird. Wichtig ist es hier, offen zu sein für neue Ideen, über die Sie sich vorher noch keine Gedanken gemacht haben. Versteifen Sie sich auf eine Lösung, ist es nicht möglich, diese Methode zu nutzen. Der Kompromiss, der gefunden werden wird, ist irgendeine Lösung, mit der alle Parteien gut zurechtkommen können.

Die Partizipation

Partizipation ist im Kindergartenalltag schon lange in aller Munde.

Der Diplom-Sozialpädagoge Rüdiger Hansen hat die Partizipation in fünf Prinzipien aufgeteilt.

• *„Partizipation bedeutet, dass Kinder von Erwachsenen begleitet werden.* Es genügt nicht, Kindern Entscheidungsspielräume einzuräumen und sie dann damit allein zu lassen. Die Entwicklung notwendiger Partizipationsfähigkeiten muss aktiv unterstützt werden. Oft fehlen Kindern der Zugang zu Informationen oder alternative Erfahrungen, die erst eine wirkliche Entscheidung ermöglichen. Darüber hinaus bedeutet Partizipation immer Aushandlungsprozesse, in die auch Erfahrungen und Interessen von Erwachsenen einfließen (können)."

• *„Partizipation erfordert einen gleichberechtigten Umgang, keine Dominanz der Erwachsenen.* Auf der inhaltlichen Ebene muss die Expertenschaft der Kinder für ihre Lebensräume, ihre Empfindungen, ihre Weltsicht uneingeschränkt anerkannt werden. Die Erwachsenen sollten ihnen mit Neugier und Interesse begegnen. Für den Prozess und für dessen Transparenz tragen allerdings ausschließlich die Erwachsenen die Verantwortung. Sie müssen die Kinder dabei unterstützen, eine Gesprächs- und Streitkultur zu entwickeln. Und sie müssen gewährleisten, dass eine "dialogische Haltung" – vor allem auch von den beteiligten Erwachsenen selbst – eingehalten wird."

• *„Partizipation darf nicht folgenlos bleiben.* Dies bedeutet eine hohe Verbindlichkeit der beteiligten Erwachsenen, die sich darüber Klarheit verschaffen müssen, welche Entscheidungsmöglichkeiten die Kinder tatsächlich haben (sollen), und die diese offenlegen müssen. Selbstverständlich kann die Umsetzung einer gemeinsam getroffenen

Entscheidung scheitern. Aber zum Zeitpunkt der Entscheidungsfindung sollte es eine realistische Chance zur Realisierung innerhalb eines für die Kinder überschaubaren Zeitraums geben. Klappt es dann nicht, sollten die Gründe dafür transparent werden."

• *„Partizipation ist zielgruppenorientiert.* Kinder sind nicht alle gleich. Die Erwachsenen sollten sich darüber klar sein, mit wem sie es jeweils zu tun haben. Kinder aus Elementar- oder Hortgruppen, Jungen oder Mädchen, Kinder unterschiedlicher ethnischer Herkunft, Kinder mit und ohne Handicaps bringen unterschiedliche Wünsche und Bedürfnisse und unterschiedliche Fähigkeiten zur Beteiligung mit. Die Inhalte und die Methoden müssen darauf abgestimmt werden."

• *„Partizipation ist lebensweltorientiert.* Das betrifft in erster Linie die Inhalte, aber auch die Beteiligungsmethoden. Die Thematik muss die Kinder etwas angehen. Dies kann durch unmittelbare Betroffenheit der Fall sein: Bei der Frage, ob der tote Vogel, den ein Kind gefunden hat, beerdigt oder seziert werden soll, genauso wie bei der Planung des Außengeländes. Es kann aber auch um Themen gehen, die für Kinder zwar Bedeutung haben (werden), sie aber nur mittelbar betreffen, wie das bei vielen ökologischen Themen der Fall ist. Derart abstrakte Themen müssen dann methodisch an die Erfahrungen der Kinder angeknüpft werden." (Hansen, 2022)

Bei der Partizipation können Kinder verantwortungsvoll mitentscheiden und werden am Alltag aktiv beteiligt. Das gilt auch für Zuständigkeiten, Entscheidungen, Mitspracherecht und das aktive Einhalten von Regeln.

In vielen Kindertagesstätten wird die Partizipation seit Jahren gelebt. Die Kinder entscheiden selbst, was sie tagsüber spielen möchten, wie sie etwas gestalten werden oder mit wem sie etwas erarbeiten wollen. Selbst in der Krippe dürfen die Kinder entscheiden, wer die volle Windel wechseln soll. Sie können Ihren Alltag also aktiv mitgestalten.

Sie werden aber auch in ihre Verantwortung genommen. Beispielsweise muss ein Kind, das erst auf dem Bauteppich gespielt hat und nun zum Kreativtisch wechseln möchte, seinen Bereich aufräumen. Vergisst ein Kind diese Regel, wird es auch aktiv von den anderen Kindern daran erinnert, oder es wird gemeinsam mit den Kindern beschlossen, dass die Kinder, die das nächste Jahr zur Schule kommen, aktiv Projekte mitgestalten können, die im Kindergarten angeboten werden.

Partizipation birgt viele Chancen für die Kinder, aber auch für die Erzieher. Die Kinder lernen, dass sie, ihre Bedürfnisse und Wünsche gehört werden und wichtig sind. Gleichzeitig lernen sie, dass auch andere Kinder Wünsche haben, die aber vielleicht nicht konform mit ihren eigenen sind. Diese Auseinandersetzung mit verschiedenen Bedürfnissen fördert die Sozialkompetenz, die Kinder lernen, Kompromisse zu schließen und empathisch auf andere zuzugehen. Außerdem stärkt das Wissen, gehört zu werden, das Selbstbewusstsein und die Selbstwirksamkeit der Kinder.

Durch die Freiheit, Dinge auszuprobieren und Fehler machen zu dürfen, erfahren die Kinder ihre eigenen Stärken und nutzen diese gern auch, um anderen zu helfen. Überdies lernen die Kinder, sich an Gesprächsregeln zu halten und gemeinsam nach Lösungen für Probleme zu suchen und damit auch verbundene Konsequenzen festzulegen und zu akzeptieren.

Immer verstärkter kommt es auch zu Kinderkonferenzen, die regelmäßig in der Einrichtung stattfinden. Hier treffen sich die Kinder in großer Runde und tauschen sich über neue Regeln oder Aktionen in der Kindertagesstätte aus. Es werden Beschlüsse oder Vereinbarungen getroffen. Die Kinder dürfen sich aktiv an der Konferenz beteiligen, ihre Meinung kundtun, Projekte vorstellen und selbstständig zeigen, woran sie gerade arbeiten.

Die Erwachsenen verhalten sich bei den Konferenzen eher passiv, dürfen moderieren und Protokoll schreiben, welches dann den Eltern zur Verfügung gestellt wird.

Wird Partizipation gelebt, ist es sehr wichtig, sich bewusst zu machen, dass Kinder dennoch Regeln und Rahmenbedingungen brauchen. Oft hat der Begriff Partizipation einen negativen Beigeschmack oder ein großes Fragezeichen inbegriffen und viele denken an antiautoritäre Erziehung oder Kinder ohne Grenzen.

Vorab muss geklärt werden, welche Voraussetzungen es für die Kinder gibt. Was dürfen die Kinder mitentscheiden und was geht aus organisatorischen, finanziellen oder anderen

Bedingungen nicht. Wie soll das Kinderparlament durchgeführt werden, welche Kinderanzahl ist sinnvoll und wie können Kinder, die nicht daran teilnehmen, einbezogen werden? Außerdem sollte geklärt werden, wie in dem Parlament abgestimmt werden kann, sodass jedes Kind daran teilhaben kann, unabhängig von Alter und Sprachstand.

Übrigens ist Partizipation und das Recht der Kinder an Teilhabe sogar in der UN-Kinderrechtskonvention fest verankert.

Vielleicht ist es ja auch für Sie denkbar, eine Art Kinderparlament mit Ihrer Familie zu Hause durchzuführen, Sie werden überrascht sein, welche tollen neuen Ideen Ihre Kinder haben, aber auch, wie einsichtig und verständnisvoll Ihre Kinder sein werden.

Konsequenzen setzen

Viele Erwachsene neigen dazu, eine Konsequenz auszusprechen, die sie gar nicht einhalten können. Ich kann meinem Kind nicht androhen, es nicht mehr aus dem Kindergarten abzuholen, wenn es jetzt jedes Mal in der Abholsituation quengelt oder sich extra langsam anzieht.

Das Problem der meisten Konsequenzen, die nicht durchgeführt werden, ist, dass sich vorher nicht überlegt wird: Kann und werde ich diese Konsequenz auch durchführen? Wenn Sie also

Ihrem Kind auf dem Spielplatz die Konsequenz aussprechen, dass Sie, wenn es nicht aufhört, mit Sand zu schmeißen, nach Hause fahren werden, dies aber nicht durchführen, weil Sie gerade erst angekommen sind, dort verabredet sind und geplant haben, noch gemeinsam zwei Stunden zu bleiben, dann ist dies nur eine Androhung, die Sie nicht umsetzen werden. Kinder wissen sehr schnell, ob Sie Ihre ausgesprochenen Konsequenzen ausführen werden oder ob Sie diese nur androhen.

Bevor Sie also eine Konsequenz aussprechen, nehmen Sie sich kurz die Zeit, um zu überlegen, ob Sie bereit sind, diese auch durchzuführen, oder ob es nicht sinnvoller wäre, mit Ihrem Kind gemeinsam die Ursache und dann eine Lösung für sein Verhalten zu finden.

Sprechen Sie eine Konsequenz aus, sollte diese nachvollziehbar und in Verbindung mit der Regel stehen. Es ist schwer zu verstehen und auch sehr einfallslos, dass die Konsequenz für ein bewusst zerstörtes Spielzeug das Ausharren im Kinderzimmer ist. Viel logischer wäre hier doch, weniger Spielzeug anzuschaffen, denn wenn Ihr Kind so viel Spielzeug hat, dass es sogar schon welches mutwillig zerstören kann, dann braucht es die nächsten Monate wohl keinen Nachschub. Dies können Sie so klar auch mit Ihrem Kind kommunizieren. Natürlich sollten Sie Ihrem Kind auch bewusst machen, dass Sie nicht nachvollziehen und gutheißen können, dass das Spielzeug kaputt gemacht wurde, allerdings sollten Sie darauf achten, nicht nachtragend zu sein. Haben Sie die Situation mit Ihrem Kind geklärt, dürfen Sie gern in den normalen Alltag zurückkehren. Ständige Vorwürfe bezüglich seines Verhaltens oder Bloßstellungen vor anderen sind schädlich für die Beziehung zwischen Ihnen. Ihr Kind wird sich, spätestens beim nächsten Wunsch nach neuem Spielzeug, an den Vorfall erinnern und auch, was passieren wird, wenn es erneut mutwillig etwas zerstört.

In Fällen, in denen kein anderer oder es selbst durch das Verhalten Ihres Kindes verletzt oder gestört wird, ist das Ignorieren des Verhaltens eine durchaus denkbare Möglichkeit. Ich habe oft Situationen erlebt, in denen ich mir auf die Zunge beißen und beide Augen zudrücken musste, weil ich die mir einzige mögliche Konsequenz nicht durchführen hätte können oder wollen.

Fragen Sie sich also selbst, ob Sie wirklich eingreifen müssen, wenn Ihr Kind sich gerade an der unsachgemäßen Benutzung eines Ihrer Küchenutensilien versucht, oder ob Sie genug Geduld aufbringen können, damit Ihr Kind sich darin ausprobieren kann, nach wie vielen Schlägen mit dem Kochlöffel der Karton zerstört ist.

Lassen Sie zu, wenn Ihr Kind Dinge anders macht als Sie oder 80 % der Weltbevölkerung. Kinder brauchen die Möglichkeit, sich selbst auszuprobieren, Dinge zu erforschen und zu untersuchen. Wichtig ist, dass es hierbei etwas lernt und im besten Fall ans Ziel kommt.

Konfliktlösungen

E s gibt unzählige Konflikte, die Kinder tagtäglich zu bewältigen haben. Oft sind es Konflikte untereinander, oft auch Konflikte mit den Eltern, Erziehern, Lehrern oder anderen Erwachsenen, manchmal auch Konflikte, die jedes Kind mit sich selbst lösen muss. Kinder lernen erst nach und nach, mit Frustrationen oder dem Verlieren umzugehen, allerdings nur, wenn wir ihnen die Möglichkeit dazu geben. In manchen Fällen versuchen Erwachsene, Kinder davor zu bewahren, Frustrationen zu erleben. Es werden ihnen Aufgaben abgenommen, aus verschiedenen Gründen. Vielleicht wird es für das Kind als zu schwierig empfunden, beschwerliche Aufgabe selbst zu lösen. Eventuell wollen wir es vor möglichen Verletzungen oder dem eigenen Versagen schützen oder wir können uns gut daran erinnern, wie schwer es für uns als Kind war, so eine Aufgabe zu bewältigen. Allerdings führt dies dazu, dass Kinder nicht selbst Erfahrungen machen dürfen, was sie schon können.

Bei zu frühem Eingreifen von Erwachsenen können Kinder nicht lernen, wozu sie schon fähig sind, woran sie noch arbeiten müssen und wofür sie sich besser Hilfe holen sollten. Diese Kinder haben nicht genug Möglichkeiten, sich auszuprobieren und dann daraus zu lernen, dass sie eventuell gescheitert sind und es erneut versuchen müssen, aber im Idealfall es durch Ausdauer und Engagement geschafft haben, eine Aufgabe allein zu schaffen. Kinder, die sich ausprobieren dürfen, scheitern dürfen und sich bei Trauer und Wut darüber Trost bei einem Erwachsenen suchen dürfen, entwickeln ein gesundes Selbstbewusstsein und Selbstwertgefühl. Sie kennen ihre Stärken und wachsen daran, Dinge allein geschafft zu haben.

Ganz nach dem Motto von Montessori „Hilf es mir, es selbst zu tun".

Sina und Lisa, beide 4 Jahre alt, verabreden sich oft auch noch nach dem Kindergarten, um gemeinsam zu spielen. An diesem Nachmittag sind die beiden mit Lias Mutter zum Spielplatz gefahren. Sinas Mutter sitzt etwas entfernt vom Sandkasten auf einer Bank und unterhält sich angeregt mit anderen Eltern. Sina und Lisa spielen gemeinsam im Sandkasten.

Mit viel Mühe haben sie sich eine Burg aus Sand gebaut und bestaunen sie voller Stolz. Als Nächstes soll ein Graben um die Burg herum gebaut werden, dazu holen sie sich zu ihren Schaufeln noch einen Bagger. Sina nimmt sich eine der Schaufeln und Lisa darf als Erste den Bagger benutzen. Beide fangen an, neben der Burg den Graben auszubuddeln. Leider ist der Sand ziemlich trocken und er rieselt immer wieder zurück in den gerade ausgebuddelten Graben. Sina scheint schnell darüber frustriert zu sein, Lisa buddelt unbekümmert weiter und hat sich schnell um die halbe Burg herum gearbeitet. Sina wird immer wütender darüber, dass der Sand nicht da bleibt, wo sie ihn haben möchte.

Irgendwann springt Sina auf, schmeißt ihre Schaufel wütend in den Sandkasten und trampelt ärgerlich die Burg und den angefangenen Graben kaputt. Lisa hüpft erschrocken zur Seite und fängt gleich darauf zu weinen an. Sinas Mutter wird durch das Weinen aufmerksam auf die beiden und läuft zum Sandkasten zu Lisa und tröstet sie. Als Lisa sich beruhigt hat, kann sie Sinas Mutter erzählen, was passiert ist. Beide gehen zu Sina, die sich hinter der Rutsche versteckt hat und nun auch weint. Ihre Mutter nimmt sie in den Arm, tröstet sie und spricht mit ihr darüber, was gerade passiert ist. Nachdem sich Sina und Lisa wieder beruhigt haben, gehen beide mit Sinas Mutter zurück zum Sandkasten und fangen wieder mit dem Burg-Bauen an. Beide wissen, dass sie Sinas Mutter um Hilfe bitten können, wenn sie diese benötigen.

Auch wenn Sinas Mutter die Situation nicht beobachtet hat, weiß sie, dass Sina schnell frustriert ist und nur wenig Ausdauer beim Spielen hat. In letzter Zeit gab es oft Situation, in denen Sinas Verhalten sehr herausfordernd war. Ihre Mutter bleibt in den Situationen aber meistens ruhig und verständnisvoll. Sie wusste, dass ihre

Tochter erst einmal etwas Zeit braucht, um sich selbst zu beruhigen. Hätte sie Sina sofort angesprochen, wäre die Situation wohl eskaliert, denn in Situationen, in den Kindern und auch Erwachsene Aggression und Wut empfinden, können sie nicht mehr klar denken. Bestimmt kennen Sie das von sich selbst, wenn Sie wütend sind oder sich über etwas aufregen, machen oder sagen Sie Dinge, die sich bei klarem Verstand nicht getan oder gesagt hätten. Bei Kindern kommt noch hinzu, dass diese in dieser Hinsicht noch nicht so viel Erfahrung mit solchen Situationen haben. Sie konnten sich noch nicht so viel in Geduld üben wie wir Erwachsenen. Außerdem möchten Kinder gern ihre Autonomie so weit wie nötig nutzen und ärgern sich sehr darüber, dass sie in manchen Situationen doch noch so abhängig von Erwachsenen sind.

Als Sinas Mutter Lisa getröstet hat, hatte Sina genug Zeit, um sich zu beruhigen, damit sie dann auch empfänglich für den Trost ihrer Mutter war. Durch die gute Bindung zu ihrer Mutter war sie bereit, sich nochmals mit der herausfordernden Aufgabe zu beschäftigen und erneut mit dem Burgbau zu beginnen.

Paul ist acht Jahre alt, er hat noch einen zwei Jahre älteren Bruder und eine Schwester, die drei Jahre alt ist. Als mittleres Kind muss er oft zurückstecken, sein Vater ist alleinerziehend und arbeitet sehr viel. Pauls Großeltern passen oft auf die drei Kinder auf, da der Vater meist auch spät noch arbeiten muss. Paul verhält sich seit einigen Wochen sehr grenzüberschreitend. Wenn sein Bruder nicht da ist, geht er oft in sein Zimmer, liest private Nachrichten oder Notizen oder nimmt Sachen von ihm und versteckt sie. Ihn selbst ärgert es aber sehr, wenn jemand ungefragt in seinem Zimmer ist und etwas daraus nimmt. Seine kleine Schwester mag er nicht leiden und äußert dies auch selbstverständlich, er hat das Gefühl, sie würde viel zu viel Aufmerksamkeit bekommen und für ihn hätte keiner Zeit. Die Großeltern lieben ihre Enkel und kümmern sich gern um sie, allerdings fällt es ihnen auch immer schwerer, und oftmals schaffen sie es nur noch, das Nötigste zu machen, da sie sich in der Situation oft sehr überfordert fühlen.

In der Schule fällt Paul in letzter Zeit meistens durch herausforderndes Verhalten auf. Er stört den Unterricht, bedrängt andere Mitschüler und beteiligt sich immer weniger im Unterricht, weil er sich schnell ablenken lässt. Seinen Lehrern fällt es immer schwerer, mit Paul zu arbeiten.

Immer öfter kommt es zu verbalen Konflikten zwischen Paul und einem seiner Mitschüler. Nachdem es dann zu einem körperlichen Angriff zwischen den beiden kommt, wird Pauls Vater zum Elterngespräch in die Schule eingeladen. Dort redet die Direktorin ganz offen mit Paul und seinem Vater und spricht an, wie Paul sich in der Schule verhält. Pauls Vater muss zugeben, dass ihm zwar aufgefallen ist, dass sein Sohn sich verändert hat, ihm aber nicht bewusst war, welche Ausmaße diese Veränderung hat. Er erzählt von der derzeitigen Familiensituation und gibt an, überfordert zu sein. Die Direktorin bietet an, den Vertrauenslehrer hinzuzuziehen, welches Pauls Vater dankend annimmt.

Nur durch engen Kontakt zwischen Paul, der Schule und dem Vater konnten viele Konflikte geklärt werden und auch die Beziehung zwischen Paul und seinem Vater konnte gestärkt werden. Pauls Vater konnte sich eingestehen, dass er mit dem Verhalten seines Sohnes überfordert ist.

Durch die gute Unterstützung der Schule und die Bereitschaft, offen mit der Situation umzugehen und Hilfe anzunehmen, konnte sich die Beziehung zwischen den beiden bessern. Paul weiß nun, dass er sich an seinen Vater wenden kann, wenn er Probleme in der Schule hat. Außerdem hat sein Vater mit ihm über seine Grenzüberschreitungen gesprochen und klare Regeln bezüglichen diesen gesetzt. Da der Vater Konsequenzen gesetzt hat, die Paul verstehen und nachvollziehen kann, ändert sich auch hier sein Verhalten in die positive Richtung.

Pauls Vater hat außerdem gemerkt, dass er sich Zeiten schaffen muss, um seinem Sohn die nötige Aufmerksamkeit zu geben, die er braucht, diese räumt er sich nun regelmäßig ein.

Jan ist 15 Jahre alt und lebt mit seinen Eltern zusammen. Sein Vater hat beruflich viel zu tun und arbeitet sehr viel, seine Mutter ist als Hausfrau zu Hause und ist nicht berufstätig. Den Eltern ist es sehr wichtig, dass Jan eine gute Erziehung erfährt, sich stets bemüht und in der Schule erfolgreich ist. Seitdem Jan in der Pubertät ist, kommt es immer häufiger zu Konflikten. Jan empfindet die

Grenzen, die seine Eltern setzten, als zu streng und muss immer wieder mit Konsequenzen rechnen, die ihm nicht verständlich sind.

Jan ist ein sehr guter Schüler, er ist sehr bemüht in der Schule und lernt sehr viel, auch weil er fürchtet, dass seine Eltern ihre angedrohten Konsequenzen bei Verschlechterung der Noten durchsetzen.

Das Verhältnis zwischen Jan und seinem Vater ist eher kühl und distanziert. Es gibt nicht viele gemeinschaftlichen Aktivitäten der beiden, oft ist sein Vater mit seiner Arbeit beschäftigt oder zieht sich zurück und nimmt nicht viel am Familienleben teil.

Jans Mutter liebt es, sich um ihren Sohn zu kümmern und ihn zu bemuttern. Sie weiß stets, was er tut und wo er sich gerade befindet. Sie sucht oft Kontakt zu ihm und versucht, ihm viel abzunehmen, damit er sich voll und ganz auf die Schule konzentrieren kann. So räumt sie immer noch sein Zimmer täglich auf und fordert auch sonst keinerlei aktive Beteiligung bei der Hilfe im Haushalt.

Seit ein paar Monaten hat Jan seine erste Freundin, Anna. Er versucht, so oft wie möglich bei ihr zu sein, da er sich in ihrer Familie sehr wohlfühlt. Annas Eltern ist es sehr wichtig, eine gute Beziehung und Vertrauensbasis zu ihrem Kind zu haben. Auch Anna und ihre Geschwister empfinden die Bindung zu ihren Eltern als sehr gut und wissen, dass sie sich ihren Eltern jederzeit anvertrauen können. Sie versuchen, Anna größtmögliche Unterstützung zukommen zu lassen, setzen ihr aber auch Grenzen und Regeln, die Anna kennt und versteht.

Eines Abends während des Essens kommt es zwischen Jan und seinen Eltern zum Streit. Jans Mutter weiß, dass Jan wieder bei Anna war. Sie befürchtet, dass sich seine Noten in der Schule aufgrund der Beziehung verschlechtern werden, und droht Jan damit, ihm das Handy zu verbieten, wenn Jan sich weiterhin so oft mit Anna trifft. Jan versteht die Konsequenz nicht, er hat sich in der Schule nicht verschlechtert, sondern eher verbessert. Seine Mutter bleibt aber bei ihrer Aussage und möchte diese auch nicht weiter begründen oder erklären. Daraufhin stürmt Jan in sein Zimmer, packt ein paar Sachen zusammen und verschwindet aus der Haustür.

Nach kurzer Zeit finden Jans Eltern heraus, dass er sich bei Anna aufhält, als die beiden ihn dort abholen wollen, werden sie von Annas Vater auf ihren Umgang mit Jan angesprochen. Erst nach viel gutem Zureden und Erklärungen, verstehen beide, dass die Regeln und Konsequenzen, die sie aufgestellt haben, nicht nachvollziehbar für Jan sind.

Beide Familien sind weiterhin im engen Kontakt und tauschen sich regelmäßig über die Erziehung ihrer Kinder aus.

Durch die Beziehung zu Anna und dem engen Kontakt zu ihrer Familie ist Jan bewusst geworden, dass der Erziehungsstil seiner Eltern nicht der richtige für ihn ist. Annas Eltern haben Jan die Unterstützung gegeben, die er brauchte, um durch sein herausforderndes Verhalten seinen Eltern verständlich zu machen, dass er in der Beziehung zu seinen Eltern nicht glücklich ist.

Pia ist fünf Jahre alt. Seit sie drei ist, besucht sie einen Kindergarten, in den sie gern geht und wo sie sich sehr wohlfühlt. Pia hat einen 3 Jahre alten Bruder und eine 1 Jahr alte Schwester. Pia ist ein sehr intelligentes, kommunikatives und soziales

Kind. Im Kindergarten ist sie durchgehend damit beschäftigt zu basteln, sie spielt gern im Garten und probiert sich viel aus. Sie ist sehr kreativ, hat tolle Ideen und ist sehr beliebt bei den Kindern. Beim Spiel mit anderen Kindern ist sie eher dominant, bestimmt gern, was und wie gespielt wird, für die anderen Kinder ist dies aber kein Problem, da Pia sich verbal sehr gut ausdrücken und die anderen Kinder somit geschickt überreden kann.

Trotz ihrer fortgeschrittenen Entwicklung in allen Bereichen nässt sich Pia noch regelmäßig ein. Zwar war Pia vor dem Wechsel von der Krippe zum Kindergarten trocken, allerdings beschränkt sich dieser Zeitraum nur auf ein paar Monate. Mit den Eltern sind die Erzieher schon lange im Gespräch, Pia wurde auch bereits ärztlich untersucht, hier gibt es keine körperlichen Anzeichen für das Einnässen.

Wird Pia nicht regelmäßig von den Erziehern daran erinnert, auf Toilette zu gehen, muss sie sich kurze Zeit später umziehen. Oft merken die Erzieher erst mit der Zeit, dass Pias Hose einen nassen Fleck aufweist und keiner weiß, wie lange sie schon mit nasser Hose gespielt hat. Auch kann keiner sagen, ob Pia sich bewusst eingenässt hat

oder dies aus Versehen passiert ist, da Pia das Einnässen sehr unangenehm ist und sie sich nicht
weiter dazu äußert.

Pias Eltern beschweren sich immer häufiger
beim Abholen über die viele nasse Wäsche und geben ihrer Tochter auch die Schuld fürs Einnässen,
oft auch so, dass umstehende Eltern, Kinder oder
die Erzieher dies mithören können. Meistens haben die Eltern beim Abholen nicht viel Zeit und
bekommen schnell Stress, wenn Pias Hose in dieser Situation nass ist. Die Erzieher wundern sich
oft darüber, da Pia meist zur gleichen Zeit abge-
holt wird und sie sie dann kurz davor noch einmal
auf Toilette schicken. Trotzdem ist die Hose an 4
von 5 Tagen nass und Pia und ihre Mutter, die sie
meistens abholt, gehen zusammen in den Waschraum und wechseln die Wäsche. Diese Situationen
sind bestimmt von viel Hektik und Ungeduld, dau-
ern aber trotzdem sehr lange. Oft trödelt Pia, wenn
ihre Mutter mit zum Umziehen kommt, sie macht
Quatsch oder erzählt ihrer Mutter ununterbro-
chen, was sie den ganzen Tag gemacht hat.
Pias Mutter hat Schwierigkeiten, ihrer Tochter Regeln vorzugeben, sie lässt sich auf die lange Zeit
zum Umziehen im Waschraum ein, wird dabei

aber immer hektischer. Pia scheint die Aufmerksamkeit ihre Mutter sehr zu genießen.

Die Erzieher der Einrichtung sind der Auffassung, dass Pia diese Situationen für sich nutzt. Sie scheint, sich bewusst einzunässen, um von ihren Eltern ungeteilte Aufmerksamkeit zu bekommen. Wenn Pia sich während der Zeit in der Einrichtung einnässt, zieht sie sich allein und in kürzester Zeit um, ganz im Gegensatz zu den Situationen mit ihren Eltern beim Wäsche-Wechseln.

Die Erzieher der Einrichtung deuten dies in einem Elterngespräch an, weisen die Eltern darauf hin, dass dies eine Möglichkeit für Pia ist, im Fokus der Eltern zu stehen. Leider können die Eltern diesen Gedankengang nicht annehmen und betonen, dass sie eher an eine körperliche Ursache glauben. Eventuell handeln sie auch so, weil dies für sie anscheinend der einfachere Weg ist und sie sich somit nicht mit ihrem kompletten Erziehungsstil auseinandersetzen müssen. Die Bedürfnisse ihres Kindes können sie so aber nicht herausfinden, um ihnen dann gerecht zu werden.

Herausforderun-gen annehmen

Die Bereitschaft, Herausforderungen anzunehmen und sie zu meistern, ist von Mensch zu Mensch unterschiedlich, dennoch birgt das ganze Leben für uns Herausforderungen, wenn man bereit ist, sie anzunehmen. Wenn Sie Kinder haben, wissen Sie, dass dies eine unglaublich große Herausforderung ist, die Herausforderung, so eine große Verantwortung für so ein kleines Wesen zu übernehmen, die Herausforderung, trotz Kindern eine glückliche, funktionierende Partnerschaft zu führen, und die

Herausforderung, seine eigenen, ganz persönlichen Wünsche und Bedürfnisse nicht zu vergessen.

Eine funktionierende und befriedigende Kommunikation zu führen, ist nicht immer einfach. Besonders in der hektischen Zeit neben beruflichen Aufgaben, schulischen Problemen der Kinder und dem ganz normalen Alltag wissen Sie vielleicht gar nicht, wo Sie da noch Zeit finden können, ehrliche und vielleicht auch langwierige Gespräche mit Ihren Kindern zu führen. Anfangs scheint dies schwierig umzusetzen zu sein und Sie werden anfangs auch viel Geduld und Zeit in die Methoden aufwenden. Schon nach kurzer Zeit werden Sie aber Veränderungen im Verhalten Ihrer Kinder und auch bei sich selbst feststellen können. Der Alltag wird einfacher und unkomplizierter werden und Sie werden merken, dass Ihre Kinder mehr Verständnis für Sie aufbringen können. Gemeinsam werden Sie den Herausforderungen des Alltags besser gerecht werden.

Außerdem wird sich die Bindung zwischen Ihnen und Ihren Kindern maßgeblich verbessern. Sie werden wieder mehr Spaß am gemeinsamen Kontakt in Ihrer Familie haben, weil es sich nicht nur um Konflikte und Streitereien handelt, über die Sie gemeinsam sprechen werden. Sie werden ganz neue Seiten an Ihren Kindern entdecken und die Freude am Miteinander wird nachhaltig geprägt werden.

Lassen Sie sich doch einfach einmal darauf ein, mit Ihren Kindern eine Tagung des Kinderparlaments durchzuführen, und seien Sie offen für die tollen Ideen, die Ihre Kinder haben. Vielleicht können Sie gemeinsam Methoden entwickeln, um die alltäglichen Pflichten schneller und anhaltender zu erledigen, um dann mehr gemeinsame Zeit zur Verfügung zu haben.

Die Aussicht auf eine gute Beziehung zu seinem Kind und das Wissen, mit dem eigenen Handeln einen Beitrag dazu geleistet zu haben, sodass das eigene Kind glücklicher und zufriedener ist, sollte Grund genug sein, das herausfordernde Verhalten als Anlass zu nehmen, sein eigenes Handeln zu überdenken und sich zu reflektieren.

Literatur-
verzeichnis

• Dr. Gaiser, U. (2022, 14. Januar). Umgang mit extrem herausforderndem Verhalten (bei Kindern). herausforderndes Verhalten (frax.de)

• Dr. Mohr, L. (2022, 16. Januar). Was macht Verhalten herausfordernd? LMohr Was macht Verhalten herausfordernd 4.12.2018 VA Herausforderndes Verhalten.pdf (imew.de)

• Höppner, S., Prof. von Mühlendahl, K.E., Theil, E. (2022, 11. Januar). KiGGS-Studie zum Gesundheitszustand von Kindern und Jugendlichen.

Verhaltensauffälligkeiten. <u>KiGGS–Studie zum Gesundheitszustand von Kindern und Jugendlichen |</u> <u>Allum</u>

• Langmeyer, A., Guglhör-Rudan, A., Naab, T., Urlen, M., Winkelhofer, U., (2022, 11. Januar). Kind sein in Zeiten von Corona. <u>DJI_Kindsein_Corona_Ergebnisbericht_2020.pdf</u>

• Gordon, T., 1972 Familienkonferenz (1. Aufl.). Hoffmann und Campe Verlag

• Hansen, R. (2022, 16. Januar). Die Kinderstube der Demokratie – Partizipation in Kindertagesstätten. <u>Die Kinderstube der Demokratie – Partizipation in Kindertagesstätten (kindergartenpaedagogik.de)</u>

Herstellung und Verlag:

BoD – Books on Demand, Norderstedt

ISBN: 9783756225132

1. Auflage

Kontakt: Psiana eCom UG/ Berumer Str. 44/ 26844 Jemgum

Covergestaltung: Fenna Larsson

Coverfoto: depositphotos.com